JN417780

창조문학대표시인선· 233

누 군 가 에 게

김 태 인 시집

창조문학사

□ 시인의 말

나는

나는
미지의 내일이 있을 거라고
확신도 불신도 못했다.
누군가 씨를 뿌리고 거름을 주고
결국 열매를 따는 것을
목격해도 의문을 가져보지 못했다.
그런 내가 설레기 시작했다.
사랑의 태동이 느껴졌다.
누군가가 키스를 요구해 오면 나는 어쩌나.
누군가가 포옹을 해주면 나는 어쩌나.
애석하게도 내 사랑은 탄력을 받아
진행은 시작되지 않았다.
그러나 나는 사랑한다.
그것이 꽃인지...
　　　물인지...
　　　바위인지 모르지만...
나는 꽃을 사랑하고
　　물을 사랑하고

꿈쩍도 하지 않는 바위를 사랑한다.
지금 이 순간에도
오직 내가 살아가는 이 하나의 길이
누군가를 위하여 가는 것 인 듯…
봄처럼 설렌다.
고운 바람 앞에 햇살처럼 수줍다.
꽃이 된 냥
아름다운 향기로 맵시 있게 사랑하고 싶다.

- 2015년 4월 20일
김 태 인

누 군 가 에 게

김 태 인 시집

| 차 례 |

제 1부 / 그리움

제 2부 / 누군가에게

제 3부 / 겨울비

제 4부 / 너와 나

제 1 부
그리움

그리움

무궁화 꽃이 피었습니다
뒤를 돌아보았네
빨간 꽃잎 닮은
너의 모습 붙잡고 싶어
무궁화 꽃이 피었습니다...
무궁화 꽃이 피었습니다...
푸른 바람 되어
다시 나타난다면
내 좁은 가슴 안에 감추어 놓고 싶어
어제도 오늘도 슬프다는 말 대신
외롭다는 말 대신
한번 두 번 세 번 그리고 백번을...
무궁화 꽃이 피었습니다...
무궁화 꽃이 피었습니다...
비개인 어느 날
맑은 햇살처럼 웃어주는 네 모습
그립고 그리워...
나는 오늘도 술래가 되어
무궁화 꽃이 피었습니다...
무궁화 꽃이 피었습니다...

시계

시계는 멈추지 않아요
목적지가 어디인지는 모르지만
부지런히 걸음을 걷고 있어요
가엽게도 한쪽 다리가 짧아요
그 아픈 다리로 부지런히 걷고 있어요
내가 바람이 되어서 밀어주고 싶어요
나도 시계 같은 마음이 예요
오로지
그가 있는 곳을 향해서
오늘도 내일도 또 모래도
시계는
느린보 거북이처럼
부지런히 걷겠다고
똑각 똑각
신호를 보내주네요

가로등

어둠은
그렇게
내 그리움을 숨겨 놓았다
침묵으로 냉정했다
지우려고 하면
더욱 선명하게 보인다
서러워서
눈물로 씻어내려고 하면
우뚝하게 솟아났다
미워하려고 하면
폭군처럼
내 가슴을 짓이긴다
잡히지 않는
뜨거운
그리움
환상의 등불로 일어서
결국 내 목덜미를 껴안았다

늦은 봄비

세상에서
가장 뜨거운 눈물이 흐릅니다
그립다 말을 하기엔
그 말 다할 수 없어
봄
초록의 진통을 견디지 못해
이렇게 울어버립니다.
아니- 아니-
그도 우는 가 봅니다
내게
다가오지 못하는 서러움에
이렇게 바람 속에 버둥대며
한없이 우는 가 봅니다
그도 울고
나도 울고
얼굴이 붉어지도록
긴
하루가 다 젖어 버렸습니다
장미꽃도 웁니다

카페에서

창가에
작은 화분 속에
여린 풀꽃이
안개처럼 피었다
실핏줄처럼
작은 가지로
초록을 틔웠다
축복이었다
커피향도 이쁘고
컵 속의 물빛도 하얗다
에어컨 바람에
작은
이파리가 흔들거린다
감히
안아줄 수도 없었다
조용히 바라본다
풀잎의 눈빛이 젖어 있었다
작은 물방울 눈물이
보석보다 이쁘다
그리운 그가
핑크색 분무기를 타고 오기를
간절히 기다리는가 보다

커피를 마시며

내 마음
아무도 몰라줄 때
커피를 마신다
아침에도 뒤척이고
저녁에도 뒤척이고
내 마음이
그렇게 출렁거릴 때
커피를 마신다
나는
그냥 뜨거운 커피를 마셨다고 생각했다
가슴으로
타는 듯이 타는 듯이 쓰라리다
내 마음 아무도 몰라줄 때
나는 또 커피를 마신다

내 영혼속의 아가야

아가야
꽃잎에서 쏟아지는 너의 향기는
사라질지라도
돌담아래 고인
한 줌 햇살 닮은
옴싹한
너의 입에서
쏟아지는
울음소리는
내 가슴에
꽃밭을 만들어
아가야
나는 한 떨기 꽃 판이 되어
우루루~ 우우 쏟아지는
너의 입김에
하루를 살아내
너는
삶에 멍이 든
내게 다가와
꿈길을 밝혀줘
너의 진솔한 정이 묻은
그 울음소리에

곱게 숨겨둔
내 마음속의
그리움을 펼쳐본단다
아가야
세상에서
제일 예쁜 꽃은
햇빛 물들어 투명한 너의 울음소리야
언제까지, 언제까지라도
해맑은 웃음으로
주머니를 뒤져도
나올 것 없고
허둥대는 이에게
등불이 되어줘

밤비

얼마나
얼마나 그리웠으면
별도 달도 기절한 밤
어둠을 헤치며
푸른 산을 적시고
넓은 대지를 적시고
가로등 앞까지 와서도
울음을 그칠 줄 몰라
주루룩 주루룩
나의 창까지 다가와
기다란 손으로
창문을 어루만지고만 있네
돌아설 줄 모르고
한참을 서성이고선
검은 바람에 등 떠밀려
뚜르르 뚜르르
또 발을 구르고
꽃바람 되어 설레이는
내 가슴을
끝내는 파고 들어와
긴 긴 서러움에
몸살이 나
드러누워 버리네

바닷가에서

그
바닷가
추억을 밟으며
걸어봤지만
부서지는 파도 속에서 조차
마알갛게 피어오르는
너의 눈망울만 보였어
나의 마음
잔잔해지길 소망하며
다시 걸어봤지만
또다시
너와의 못다 했던 이야기들만
파도처럼 밀려와 눈물만 흐른다
아~ 사랑아
너도 나처럼
그리움으로 소용돌이 쳐봤니
부서져도 보았니
그리워 그리워
너무 그리워
이렇게
출렁거리는 파도가 되어
너를 부른다

찾아봐도 소용이 없고
파도만이 서러워
나는
언제나
너의 행복만을 빌겠어
두 눈을 꼭 감고
두 손 모아 기도해

포플러 나무 잎

얼마나
얼마나 채찍을 맞았으면
가슴 아린 그리움이
천만번을 굴러서
이토록 지독하게 멍이 들었을까
얼마나
얼마나
가슴 시린 생채기를 토했으면
진초록 바람을
폭풍처럼 일으키고
불볕더위 속에
피켓을 들고
이토록 목이 터져라
외쳐대고만 있을까...

실비 내리는 밤에

생각은 머리에서 가슴으로 흘러 내렸다
실비 내리는 밤, 나는 느낄 수가 있었다
내가.
차마 눈물을 흘리지 못하고 가슴으로만
울음소리를 내고 있었다
하늘에서 실비가 내린다
가슴으로, 가슴으로, 정말 그리워하면
하늘도 나와함께 울어주었다
내 얼굴을 아무리 은폐시키려 해도
소모하지 못하고, 고뇌와 고독으로 얼룩진
내 가슴에 채워둔 뜨거운 열정이 끓어
모락모락 김이 솟아올라 실비가 되었다
실비는 소리 없이 흐르는 내 눈물이다

집짓는 딱따구리

딱딱딱딱
고개를 들어 하늘을 보았다
아득하기만 했다
또 다시
딱딱딱딱
아득하게 퍼졌다
고개를 들어 다시 하늘을 보았다
하늘의 심줄처럼 얽힌 겨울 나뭇가지
사이에 딱따구리 한 마리가
열심히 나무 몸통을 쪼아대고 있었다
진실한 몸짓으로 성실하게 집을 짓고 있었다
눈물도 흘리고...
땀도 흘리고...
사진을 찍었다
그 순간 내 눈이 가려웠다
그리움에 멀어버린 내 두 눈에
딱따구리가 빛을 선물로 주었다
백번 천 번 부리를 쪼아
둥지를 만드는 딱따구리의 자아실현 의지에
현기증이 일었다
그 보다 더
위대한 관용으로 딱따구리에게 기꺼이

가슴 한쪽을 내어준
나무의 커다란 덕을 보았다
보이지 않는
위대한 사랑을 보았다

바람 부는 날

바람이
내 긴 머리카락을 흩날린다
헝클어진 머리카락 사이사이를 비집고
자꾸만 실실거리며 기웃거린다
앞집, 담벼락아래 긴 발가락을 뻗고
하늘을 향해 푸짐하게 솟은 목련꽃나무
바람의 장난기에 부숭부숭 봉오리가 맺혔다
바람에게 문자메시지를 보내야겠다
내 가슴에 들락날락 하지 말고
천번만번 하늘 그네를 타고서라도
목련꽃 봉오리나 터트리라고...

바람 부는 날 안국역에서

인사동으로 가는 사람들도 있고
조계사 쪽으로 가는 사람들도 있다
인사동으로 가는 사람이 봐도 나는 혼자이고
조계사쪽으로 가는 사람이 봐도 나는 혼자다
내 등 뒤쪽으로 가는 사람
내 앞쪽으로 가는 사람도 많다
나는
어제도 고독하고
오늘도 고독하다
누군가가
날씨가 추우니
'옷 따듯하게 입으세요.'라고 말하면
오월의 풀꽃처럼 환하게 터져버릴 것이다
누군가가
날씨가 추우니
'목도리 꼭 하고 다니세요.'라고 말하면
나는 그 따듯한 목소리에
풀꽃에 맺힌 이슬이 되어
순결하게 터져버릴 것이다
뱅그르르 우주를
꽃잎인 냥
호호 불어볼 것이다

늦가을 바람

칼춤을 추던 마녀가 횡포를 부린다
그 가슴에 기대어 잠들고 싶은
나뭇잎을 잔인하게 도려낸다
아직은
못 다한 사랑의 아픔에
녹슬어버린 살 껍데기로
처절하게 매달려 울부짖는다
살 속을 파고드는
서슬 퍼런 늦가을 바람 앞에서
처연한 몸부림으로
끝내는 요절을 한다
어디로 끌고 가는지 알 수 없지만
늦가을 바람의 넋두리를 들어본다
천국 가는 길이
그리 쉬운 일은 아니란다
아이는 소망한다
따스한 햇살아래
꿈꾸는 길을 만들어 달라고...

눈 내리는 밤

날개가 없어도
훨훨 비행하고 있는 눈발이 부럽다
깃털처럼 가벼워 보여
참말로 애처롭기도 하다
나는
두 어깻죽지가 있음에도 불구하고
마음껏 비상할 수 있는
공간만 부러워했다
눈 내리는 밤
보이지 않는 사랑을 찾아 날아보고 싶어진다
소리를 낼 수 없는 그리움...
그 그리움에 빛이 있다면...
그 그리움에 소리가 난다면...
눈 내리는 밤
나의 가슴앓이는 잠을 잘 것이다
그 마음에 소리가 없어서, 그 마음의 빛이 보이지 않아
눈 내리는 밤
내리는 눈발이 되어
그에게로 달려가고 싶다

꽃샘추위

겨울이 돌아서 가는 길은
봄날의 오솔길처럼 고요하지 않았다
나는 봄의 향수가 지독하게 그립기만 하다
내 눈 앞에 아지랑이는 영화의 한 장면처럼
피아노 선율로 피어오르고 얼음이 녹아 흐르는
부드러운 계곡물 흐르는 소리는 환청으로
내 귓전에 깊이 박힌다
봄을 향해 직선으로 움직이는 내 마음도 모르고
꽃샘추위는 고슴도치 몸에 솟아난 가시가 되어
자꾸만 자꾸만 내 몸을 가혹하게 찌른다
나도 딱따구리가 되어
백번 천 번 꽃샘추위를 쪼아대고 싶다

나팔꽃

골목 안
미용실 앞
작은 화분에 발을 묻히고
긴 허리를 길게 늘어트린
나팔꽃 하나
아~ 거룩하다
어젯밤
불어 닥친 사나운 태풍에도
끝내 항복하지 않았다
나는 내가 걸어가는 길에
슬픈 비바람이
앙칼지게 내 가슴을
쥐어뜯는다고 울었다
사랑아!
사랑아!
외쳐대면
이슬만한 작은 소리도
들리지 않는다고
또
그렇게 울었다
가녀린 나팔 꽃
위대한

나의 명상이었다
끝내는
미끄러운 유리창을 기어올라
기와지붕위에
긴 팔을 펼쳐 보이며
연분홍 고운 자태로 웃었다
겸손하기까지 했다
고단한 몸
지붕 위에 조용히 누이고
뜨거운 한낮에
안으로 안으로
웅크리고 숨죽이며
그토록
간절한 기도까지 하고 있었다

허수아비

살은
삭을 데로 삭아버렸다
피 한 방울마저도 응고되고
넋은 이미 빠져 나갔다
어쩌면
처음부터
생명의 씨알은 없었다
그냥
거룩한
막대 십자가 위에
자질구레하고 너덜 한
옷 한 벌 걸친 것이 운명이었다
아~ 막대 십자가
매듭 속의 본심은
천명을 다하였다
동서남북에서
야심차게 밀려오는 새떼들은
처절한
몸부림으로 막아내고 있었다
가슴속
막대십자가 시커멓게 죽을때까지...

자화상

나는 이제 말합니다
감사하다는 말을 하기까지 꽤 오랜 시간이 걸렸습니다
친구가 찾아와도 무례하리만큼 낯설게 대했습니다
이 밝은 세상을 정지된 순간인 냥 세상과 단절하고 싶었고
유폐된 죄인처럼 나 홀로 수직선상에서 오만했습니다
지나치게 자유분방한 사람들을 경계하고
개념을 상실한 듯 타인을 비판하는 사람도 싫었습니다
종교생활을 하다가도
신성한 교리가 심드렁해져 스스로 절제된 생활에 고립되어
편협된 의식으로 뒤돌아섰습니다
세상과의 단절... 소통의 부재...
번민의 골에 깊숙이 박혀
스스로 시련에 늪에 허우적거렸습니다
그리고는 한없는 사랑으로 감싸는 부모를 떠나
나만의 유토피아를 찾아 수도자가 되겠노라고
서슬 퍼런 칼날 같은
선언을 가족에게 하기도 했습니다
그렇게 아픈 나를 치유케 하는 것이 분명 내게는 있습니다
언제부턴가 사랑의 노래 소리가 내 귓가에 들려 왔습니다
이제 나의 자화상은 밤이 아닐 것입니다
나는 서서히 걸음마를 배우고 있습니다
아침을 향해서..

제 2 부
누군가에게

누군가에게 1

오월 숲 속에서...
아카시아 향기가
살짜기 살짜기 다가옵니다
그 바람
내 가슴에 처음으로 다가와
야속하게도
아픈 가슴을 두드립니다
낮은 곳에서
서 있는 내게
너는 그렇게도 다가오기가 힘들었나요
바람처럼
내 마음 깊은 곳까지 적시어 주기만
나는 기다립니다
바람은 끊임없이 불어옵니다
아카시아 꽃잎이
내 눈앞에 피어있는 것처럼 느껴집니다
내 마음 깊은 곳에서
너의 향기가 쏟아집니다
이 숲속
낮은 곳에서
높은 곳까지 내 그리움 감동처럼 퍼집니다

누군가에게 2

나도
눈이 있습니다
그러나 볼 수 없습니다
나는 입이 있습니다
그러나 말할 수 없습니다
또 나는
다리도 있습니다
그러나
달려갈 수 없습니다
또 나에겐
가슴이 있습니다
그러나
더 이상 생각할 수 없습니다
강력하게 요구할 수도 없습니다
입을 맞추고
두 팔을 벌려 끌어안아보고 싶어도
그에게 상처를 줄까봐
힘세게 안아 볼 수도 없습니다
그를 영원히 사랑하기 위해서
내 의지를 조각상으로 우뚝하게
세워 놓아봅니다

누군가에게 3

새벽이 오기까지는
밤하늘은
멍든 내 가슴처럼 어둡기만 하네요
고립된 내게는 새벽에 깨어 있다는 이유 하나로
하늘이 특권을 부여 했지요
오늘도 서편에 걸린 반달과
작을 별들을 마음껏 바라보았지요
밤하늘의 별들을 내가 바라본다고만 생각했지요
자꾸만 자꾸만 바라보니까
저 멀리서 별빛 또한 나를 바라보고 있네요
그런데 한 낮의 요염한 햇살보다 작은 별빛 하나가
더 많은 생각을 하게 하네요
하지만
세상의 빛을 아무리 모아 모아도
사랑하는 사람의 눈빛만큼
빛이 나고 아름다울 수가 있을까요...

누군가에게 4

새벽
창밖에
아득하게 가을비가 내립니다
누군가는
이 시간에
영원한 만남을 위한
사랑을 그리워하고
누군가는
이별의 끄나풀에 매달려
눈물을 흘리기도 하겠지요
가을비
사랑
이 모든 것이 존재하는 기쁨이자
존재의 근거가 아닐까요...
사랑은
육신 속에 갇힌
그 눈물로 씻고
그 눈물로 닦고
마음의 부활까지 이어지는
인고의 노력이 필요한 것 같아요

누군가에게 5

뒷동산에 산책을 나갔어요
추운 겨울을 이겨내고
이 봄에
꽃들이 팡팡 예쁘게 피어났어요
나무나
꽃이나 사람이나
다 똑같은 것 같아요
결국엔 고통이 있고 난 후에
비로소 빛을 보는 것 같아요
슬픔을 견뎌내고 나면
푸른빛의 찬란한 여름이 또 올거라구요

누군가에게 6

바람은 나뭇잎을 바라보며 단호하게 말한다
아래도 아래로 마구마구 뛰어내리라고 한다
가혹하게
바윗돌에 부딪히게 만들어 형체를 알아 볼 수 없게
상처투성이를 만들어버렸다
낙엽은 더 이상 침묵하는 통증을 견디지 못해
숨소리마저 거칠어지고
결국엔 짧은 호흡으로 죽어가고 말았다
바람은 소중한 가을 햇살에 몸뚱어리를 굴리고선
성스럽게 나뭇잎을 모아놓고
아무도 모르는 구호를 대며 주문을 외운다
낙엽은 거칠어 질대로 거칠어져 바스러진 나뭇잎으로
운명 앞에 주어진 순리를 따르겠다며
조용히 잠을 자고 있다
아니 묵상중이라고 한다
기적을 믿으며 분명한 부활을 꿈꾸고 있다고 한다
나도 내 꿈은 어디에, 어디에 있는지 찾아봐야겠다.
유혹의 손가락에 묻은 부스러기 나뭇잎...
내년 축제의 봄날에 다시 만나자고 한다

누군가에게 7

바람이 분다
뒷동산 오솔길을 날마다 오르며
때로는 집시의 여자 같은 기분을 느끼고
때로는 나의 껍데기 속에는 과연 얼마만큼의 알맹이가
들어있을까 생각에 잠겨본다
아... 오늘 이 산은 혼돈 속과 같다
그 푸르렀던 젊은 패기로 깃발처럼
나부끼던 나뭇잎들이 낙엽이 되어 벼랑 끝으로 낙하한다
그토록 활기차게 웃으며 반겨주던 꽃잎들은
전쟁과 같은 바람 앞에서
날갯죽지조차 펴지 못하고 쓰러져간다
산책길에 놓인 기다란 벤치엔 산을 몇 바퀴 돌다
절뚝거리듯 걷는 나만 혼자 쉬고 있다
이 벤치...
지난날 순수의 정으로 두 눈을 마주하던 사람들이
분명 있었을 텐데 지금은 흔적조차 없다
딱 하나 이 숲속의 산새소리만 허우적거리는
바람 속에서도 여전히 나를 반겨준다
정녕 나는...
무엇이 애달파 가을 하늘 아래
물구나무서기를 한 기분일까?
폭력처럼 아우성치는 바람이 잠이 들면

내 마음도 고요해질까!
나는 자유롭게 비상하고 싶다
날갯죽지가 저며도 울지 않으며...

누군가에게 8

가을이 도망가고 있어요
낙엽을 잡으려 하니까 뒤도 안돌아 보고 도망가 버리네요
바람도 불고 비도 내리고 이 새벽엔 첫 눈이 아쉽게도
싸락눈 알갱이로 내렸어요
열정의 괴력으로 푸른 저항을 하더니
낡아 빠질 대로 삭아버린 군복을 입고
정말 가을은 도망 가네요
내게 단 한 번도
사랑의 자화상 세레나데를 불러주지 않고
이제 넋이 빠져 박제가 된 것 같은
시간 속에서
또아리를 틀고 애절하게 그리움을 짜내는
날 외면해 버리네요
곤두박질치는 내 뜨거운 심장을 그래도 부딪치는
가을바람에 식혀 봅니다
이렇게 힘든 나의 러브스토리 연출자는 가을 이었어요
도망 가버리는 가을은 내게 두꺼운 외투를 준비하라고
오늘은 첫 눈이 기꺼이 내리네요
내 가슴에 안기어 부드럽게 녹아내리네요

누군가에게 9

나는
약속을 한 적이 없는데
겨울은 어김없이 찾아왔다
길을
가는 나그네는 몹시 고통스럽겠다
아직
갈잎은 미련이 남아 떠나질 못하는데
어젯밤 잔혹하게 습설까지 마구마구 뿌렸다
그 눈송이도
하늘 저 멀리서 그리워 그리워서 먼 길을 오느라
눈물을 머금고 있었다
한 계단
두 계단
사람살이가 고통도 있기 마련인가보다
술 한 잔이 생각나는 이 계절이다
그러나
이삭을 줍듯
무엇인가를 찾아 헤매는 것 또한
사람인가보다
지금 이 순간
나는 누군가에게
자꾸만 첫 눈을 맞이하는 강아지처럼
멍멍거리고만 싶다

기도 1

오늘
맛있는 고기반찬과
찰진 오곡밥을 먹었습니다
생명을
소생시킬 것처럼
푸르름이
싱싱한 샐러드도 먹었습니다
아무리 먹고 또 먹어도
내게는
솔잎처럼 따갑게
가슴을 찌르는
그리움이 있습니다
꾸벅 꿈벅 꿈벅
졸음이 올 때까지
가슴에 차오르는
그리움이 있습니다
신이시여...
그 그리움
바람처럼 다가와
내 가슴을 두드리게 해주세요

기도 2

어둠이
밀림처럼 빽빽해도
내 기도는
새벽처럼 일어섭니다
그 어둠
죽음인 듯 고요하지만
내 마디진
호흡을 착하게 하고
나를 부활케 합니다
그 누구도
어둠을 모독할 수 없습니다
어둠속의 나는
아주 작지만
내 소망
무한히 부활을 합니다
지쳐 쓰러질 것 같은
내 존재가
절망 같은 어둠속에서
머리 숙여 기도하는 탓입니다

기도 3

아무리 그리워도
소리 내지 못하고
질리도록 울지도 못하고
나는
개미의 손으로 기도합니다
저
가녀린 풀꽃도
바람을 일으키고
저
가녀린 이슬비도
꽃을 피워냅니다
기도가 끝나고
눈을 떴을 때
또 하나의 기적이 보입니다
꽃잎에 비추어진
이슬비가 푸르게 보입니다
순결한 사랑은
언제나 진실로 피어납니다
총총총
내 기도는 걸어서
그에게로 갑니다

바람

바람은
산에서만 불지 않는다
바람은
색깔도 내지 않는다
그 바람은
바퀴도 달리지 않았으면서도
나를 실어 나르기도 하고
퍼 내리기도 한다
또
그 바람은
그와 나 사이에도 존재한다
소통이 부재된
그와 나 사이에서
그네를 타듯
구름을 타듯
오고 가면서
빠알갛게 달아오른
내 가슴을 열어 제킨다
침묵하는 그리움에
꼬리표를 달고 나를 대신해
목이 터져라 외쳐댄다
사랑해...라고

엄마 손가락

봄 빛 닮은 버들잎을 보았어요
봄 비 맞아 촉촉한
가녀린 버들잎은 짙게짙게 초록으로 피어났죠
바람 부는 날이었죠
수채화 그림 같은 버들잎은 눈물을 흘렸어요
잎사귀에 구멍이 나도
다시 한 번 한숨으로 질끈질끈 동여 메고
그 바람을 감싸 안아 달래었죠
다시 한 번
봄 바람타고 오는
고운 소망 탱탱하게 터지기를......
포근한 호수에 기대어서
잠들고 싶은 순간에도 내 영혼하나 지키려고
길고 긴 날을 참아냈죠
시간 속에
달 빛 박듯
별 빛 박듯
버들잎은 수를 놓아 싱싱하게 꿈을 키우죠

인사동 거리에서

오후 일곱시 반
인사동 차 없는 거리에
포효하는
젊음이 출렁거린다
팔딱거리는
물고기 한 마리가 되어
그 속에
내가 빠져
허우적거린다
서편으로
기우는 반달처럼
삐딱하게 기울어져
물살에 몸을 기댄다
오른쪽 왼쪽에
늘어선 어부의 집에선
그물을 펼쳐 놓았지만
물고기들은
낚시꾼 조차에게도 관심이 없었다
하얀 물고기 노랑 물고기...
까만 물고기들은
서로 포개져서
그저 흘러만 가고 있었다

파아랗게
더러는 붉게
환희의 색채들은
순수의 빛으로
내 눈 속에
연신 찍혀 들어온다
한 마리 물고기는
그저 바라볼 수밖에 없었다
어느 낚시꾼도
나를 건져주지는 않았다
물고기들의 반란은
주체가 분명했다
터질 것 같은
욕망을 꿀꺽 삼키면서
세상 살아가는 연습을 하고 있었다
지쳐 쓰러지지 않으리라...
가슴에 부대끼는 가슴 저린
그리움의 토악질을
물고기들은
오후 일곱 시 반...
뚫린 구멍으로
커다란 숨을 쉬고 있었다
그렇게 출렁거리며
또 사는 연습을 하고
또 살아내고 있었다

구두를 바라보며

신발장 안의
보라색 구두는
굽이
삐딱하게 닳아버렸다
계단도 오르고
딱딱하게 굳어있는
아스팔트 위도 걸었다
고단함을
그대로 티를 내고 있었다
구두는 좋겠다

어떤 아이는
햇살처럼 웃다가도
메마른 흙처럼 굳어버린다
우뚝한
산이 그리워
구르고 또 굴렀다
어떤 아이는
아무리
멀리
더 멀리 뒹굴어 가고
또 뒹굴어 보아도

우뚝한 산을 오르지 못했다
어떤 아이는
여전히 굴러도
반듯하게
더 정확하게
그 자리에만 있었다

교보문고에서

무량수의 말씀들이
거대한 집합을 했다
목적지를 잃은 사람
'나를 보시오'라고 외쳐댄다
원점에서 시작하는 사람
자신을 나침반 삼으라고
눈길을 빨아 드린다
나를 보시오
나를 보시오
가슴에 병든 사람
날 좀 보시오
넓고 넓은
깊고 깊은 진리가 여기 있다오
겨울은
추위를 씹고 또 씹어
봄을 탄생 시키는 것을 알게 되리오
어둠은
끝도 없는 시련을 가슴에 안고
천만번도 더 통곡을 한 후에
아침 햇살을 우리에게
선사한다오
우리는 결코

거룩한 침묵의 부동자세로
앉아 있지만
당신들은
새로운 세계를 창조하시오
그대들이여!
나를 잡아가시오
제발
따스한 사랑의 눈길로
나를 볼모로 잡으시오

낙엽

푸르른 청춘
그 시절엔
하늘과 바람과
태양과
깊고도 넓은 숨소리로
화음을 이루었지
그 빛나는
화음은
수많은 영혼의 새벽을 깨웠지
나에게도 구도자였지
고개 들어 우러르면
빈약한 내 존재를
더욱 뜨겁게 채찍질도 했었지
푸르른 맹세
잊지 말자고
깃발이 되어 흔들어 주었지
존재들을 구원하고
수액은 마르고
혈액은 응고되어
이제 이 땅에
소리 없이
내려오는 구나

낙엽
너는 슬픔이 아니야
너는 온통 축복이야
잠시 순례의 길을 떠나
내년 봄엔 다시 소생할거야
나의 마음 깊숙이
숨겨둔 푸른 약속이야

눈물

눈물을 흘리면 어둡기만 합니다
어두울 땐 꽃이 보이지 않습니다
눈물을 닦으면 꽃이 보입니다
생각은 지우려 지우려하면
자꾸만 기억이 재생이 됩니다
그러나 참아야 합니다
눈물은 아무것도 키워낼 수가 없습니다
그렇지만 참고 견디어내면
열매를 맺을 수 있을 거라 생각 합니다
누군가는 누군가를 위하여 늘, 기도 합니다
아픈 어둠속에 있을지라도
더욱 더 붉은 꽃잎이 되어주기를...

어떤 풍경

하얗게 고독이 밀려올 때 나는 걷는다
월드컵경기장 부근에서 한강까지…
걷는 길에 무리에서 이탈한 잿빛 비둘기 한 마리가 풀 섶에서
먹이를 찾고 있었다
풀 섶 아래 작은 벌레는 아마도 작살이 나겠다
키 큰 갈대는 휘날리다 지쳤는지 허공에 대고 풀풀 숨소리를 내뱉는다
마알간 아침 햇살이 가슴에 샘처럼 흐르는 오묘한 감정이 느껴진다
햇살이 싱싱할수록 이슬은 형체도 없이 사라질 것이다
한강이다
커다란 유람선이 정착해있었지만 작은 배들이 둥둥 떠 있는 것이 더 기특하다
'스텔라 미라지'라고 이름표를 단 배도, 재밌게도 '밀짚모자 해적선'이라고 쓰인 아주 낡아 보이는 배도 있었다
해 뜨기 전 한강은 분명 공연이 끝난 무대처럼 무거운 커튼 색이었을 텐데, 오전 일곱 시 여름날 아침 한강은 간결하고 성스러운 풍경이다
그 풍경 속에 내 가슴에 물살로 일렁이는 소망을 마

구마구 퍼트렸다
내 소망을 알아차렸는지 한강은 잠시 마알갛게 출렁거렸다
여름날 아침 한강은
내 하얀 고독을 멀리멀리 실어 나르겠다고 다짐을 해주었다

제 3 부
겨울비

겨울비

내, 볼딱지에 누군가가
돌멩이를 던졌다
짓궂은 아이들의 장난일까
뒤를 돌아보았다
어머나
검은 하늘이 봄소식을 알려주겠다고
연속 돌팔매질을 해댔다
코끝은 얼얼하고
떡볼이 시리고 차가와
작은 우산이 그리웠다
검은 하늘은
자꾸만 손사래를 쳤다
바보야
겨울비 맞으며
조금만 더 걸어가면
엄마 입김처럼
달콤하고 따스한 봄이 온다고...

"미안해, 정말 미안해"

기다리는 나에게
바람에 실려 온 너의 향기를 느꼈지

오늘도 비가 내렸지
가로수 길을 서성이다가
빗속에 까만 눈망울 다시 그리워
곱게 숨겨둔 너를 그려 본다

잔디밭을 뛰노는 너의 발자국이
내 눈에 들어왔어
상큼한 미소를 머금고
두 팔을 벌려 크게 웃었지

어제도
오늘도
너를 사랑한다는 나의 욕심 때문에
내 마음에 너를 흠뻑 가두어만 두었지
미안해, 정말 미안해
너의 고단한 몸과 마음
담뿍 쏟아낼 수 있도록
푸른 풀밭이 되어주지 못하는 나

미안해
정말 미안해

별 1

그가
블랙홀에서
조용히 등장을 했다
결코
요란하지 않은 불가사리처럼
내 가슴을 요동치게 했다
송글송글한 알맹이가 터지는 것처럼 설레었다
라라라라...
참으로 따듯한 동행이었다
호흡소리를
빨아 드리는 듯 내뱉는 듯
진실로 열정을 다했다
그 별빛
시원스레 쏟아지는 폭포수 같기도 하고
아이스크림처럼 녹아내리기도 하고
내 두 손을 가슴에 모이게 했다
그는
봄비에
파란 새순을 틔우듯
순결한 영혼의 소유자였다

별 2

바람이 차가와도
따듯하게 길을 걸을 수 있는 것은
순전히 네가 있기 때문이야

아무 말 없어도
하늘 한 번 쳐다보고 웃을 수 있는 것은
보이지 않아도 보이는
네가 있기 때문이야

네가 행복하면
내가 웃을 수 있고
사랑니를 뽑혔어도
아프지 않은 것은
순전히 네가 있기 때문이야

참새

송골송골
참새 떼들은
고요한 아침을 쪼아댄다
공원 뜨락에
입을 맞추고
꽁꽁꽁꽁
작은 부리를 연신 쬫는다
아
저 작고 여린 부리로
뜨락에 깔린 아침 햇살을
연신 주워 먹는다
송골송골
모여 있는 참새 떼를 바라본다
나도 웃고
아침 세수를 맑게 하고 피어난
햇살이 꽃잎처럼 웃는다
샤르르
풀잎 간지럼 피우던
엷은 바람까지 덩달아 웃는다

보름달

어둠속에서
뼈가 으스러지도록
목이 터져라
그를 불렀다
그는
더 이상
내게 다가올 수 없는 서러움에
천 번 만 번 구르고
어둠속을 또 굴러서
동그라미 동그라미로 휘어져
이토록
큰 대지위에 쏟아져 내렸다
태양의 신을 사모한 내 머리위에
금빛 미소로 축복처럼 다가왔다

너의 마음

너의 마음
햇살 닮아 눈부시어
차라리 눈을 감아 버렸다네
꽃잎처럼 예쁜 모습
전하려고 애를 써도
너의 마음 열지 못해
발만 동동 구른다네
나는 꿈을 꾸어보네
하늘 둥둥 떠올라서
햇살 속을 걷는다면
너의 마음 내 곁에서
향기처럼 쏟아질 수 있을 거라
믿음으로 가득한 꿈을...
너의 마음 영원토록 푸르러라
너의 마음 하늘 가득 펼쳐지면
그 품에서 햇살처럼 따뜻한 꿈을 꾸리...

풀꽃

아무렇게나
비솔비솔 흔들린다고
사람들은 그냥 지나쳤다
나는 보았다
밑동까지 파고드는
바람 앞에서도
풀꽃은
제자리를 꿋꿋이 지켜내고 있었다
거울처럼
맑은 얼굴로 내 마음까지 비추었다
햇푸른
불꽃으로 일어서
무지개처럼 여린 나를 일깨웠다
그리움 앞에서
눈물 흘리지 말아라
소용돌이치는 내 영혼을
마알갛게 씻어주고
또 씻어주었다

밤하늘

아
시리도록 해맑은
한 낮에 뜨거웠던
나의 기도가
어둠속에 숨어 버렸다
저기 저쪽에
별이 하나 두울 피어났다
울컥 눈물이 났다
어둠속에
숨어 버린 것 같았던
나의 기도가
하늘에 닿았다는 흔적을 보았다
하늘로 뻗은
나의 소망에
밤하늘은
별을 피워내
내 가슴에
꼭 꼭 꼭 꼭 꼭
위로의 메시지를 안겨 주었다

소나기

소나기는 노래다
하얀 빛깔 대낮을 적시고
내 꿈을 흠뻑 적시고
하늘 입술을 최대한 벌려
그가 노래를 하는 것이다
내가 아무리 바람을 잡으려
팔구비를 휘저어도 어림도 없다
그는 정확하게 음폭을 조절 한다
어디를 향해 목청을 두드릴지
무엇을 향해 감정을 풀어 헤칠지
소나기는 정확하게 쏟아낸다
밤새
그려놓은 악보 없이도
수많은 영혼을 씻어주는
수많은 가슴을 후려치는
한낮에 퍼부어대는 소나기는
몸부림의 절규다

꿈

눈을 감았어요
세상은
온통 고요했어요
별도 안보이고
달도 안보였어요
화려한
한 낮의 태양도
전설처럼 사라졌어요
아
기적이 일어났어요
블랙홀에 갇혀있던
내 눈 속에
사랑하는 그가
신기루처럼 나타났어요
나는
얼른
따듯한 커피 한잔을 준비해서
그에게 주고 싶었어요
하지만 영화가 끝나듯이
그가 사라졌어요
눈물이 났어요
내 사랑

꿈속에서 가까이 왔어요
다시 눈을 감아야겠어요

비밀

그를
생각하면 졸음이 와요
바람이
풀잎을 간지럽히면
이 기분일까요
졸음이 오지만
잠이 들고 싶진 않아요
잠이 들면
그를 잊어버릴까 봐요
바람이
슬쩍 나를 들여다보고 있네요
부끄러워요
내 가슴속에
그를 품고 살고 있는 것을 들켜버렸어요

약속

봄은 어김없이 약속을 지켰다
내가 확신할 수 없어
가슴만 뜨겁게 태웠었는데
봄은 앙칼진 꽃샘추위 속을 헤집고
기어이 꽃을 피웠다
너를 생각하면
봄바람 떨리듯 뜨거운 내 가슴도 떨려
봄 길에 아지랑이 오듯
땅 구멍을 뚫고 새싹 소름 돋아
환희의 만남을 이루듯
나, 너와
꽃다발처럼 한 묶음이 된다면
내 마음 봄 하늘처럼 빛나겠다

겨울바다

나뭇잎은 누가 떨구어 냈을까
시린 몸을 자연스럽게
하늘 바람에 의지하고 서있는
나뭇가지 사이사이로 겨울바다가 넘실거린다
추억의 저편을 바라보게 한다
지친 내 영혼을 마알갛게 헹구어준다
그 바다위에
누군가가 따스한 봄기운을 불어 넣었는지
바다는 파란 가슴을 열고
날아가지 못하는 나를 위로해준다
내 마음속에 살고 있는 이야기를
다 들어줄 것 같은 넓은 가슴을
겨울바다는 어김없이 간직하고 있었다

도미노 게임중

별빛 눈동자
겨울옷보다 따듯한 감동
종교보다 더 큰 영혼의 울림
순수가 어우러진 시간들
어둠을 베고 누운
초승달도 아니고 반달도 아니게 피어난 달
쑥 향기처럼 진한 그리움
그 그리움의 소실점
보무도 당당한 사랑을 위한 새로운 나의 결심
겨울 찬바람에 지독하게
가슴을 열어 제킨
위풍당당한 겨울나무들
열어젖힌 나무의 가슴에 살짝 기대고픈 나의 마음...
그 모든 것들이 지친 영혼들을
마알갛게 헹구어 낼 수 있도록 가슴을
펴놓은 하늘이
기적처럼 보듬어 안았다

시간속에

시간은 붙잡으려 해도 어김없이 떠나간다
시간 속에서 누군가는 진동하는 음악을 하고
시간 속에서 누군가는 몸부림치며 입술의 떨림으로
사랑을 한다
시간 속에서 누군가는 누군가에게 전율하는 감동을 주고
시간 속에서 누군가는 거짓과 위선으로 진실을 외쳐댄다
시간 속에서 누군가는 더 크게 많은 사람들과 소통을 하고
시간 속에서 누군가는 진실로 구원을 한다
시간 속에서 상상력이 풍성하고
초월하는 기발한 아이디어가 난무하고
서로가 서로를 인식하고 감지하고...
시간 속은 천상도 있고 아수라장도 있다
결국엔
그 시간에 무릎을 꿇은 너와 나도 있다
그 시간 속에 너는 위대한 메신저가 되어있고
나는 유폐되어 고립된 부랑아가 되어 있을 뿐이다

소나무 1

산길을 오르며
외면했었다
어제도 보았고
그제도 보았다
저 아이는
그냥 산에서 살겠지
저 아이는
그냥 늘 푸른 몸뚱어리가
원래 모습이겠지
저 아이는
늘상 햇살을 바르고
사르르 잠만 자겠지
산길을 내려오며
벙어리 미소로 눈길을 주었다
작은 바람에
아우성이었던 나와는 다르게
저 아이는
여전히 흐트러짐 없이
일직선이었다
한낮에
불기운이 확확 쏘아대도
여전히 일직선이었다

저 아이를 닮고 싶다
차오르는 숨가쁨을
조용히 가라앉히고
늘상 간절한 소망으로
묵상하고
저 아이의
푸른 결심을 익혀야겠다
봄이 가고
여름이 오고
또 가을이 가도
내 가슴에
꼭꼭
소나무 한그루 심어야겠다.

소나무 2

뒷산에도
구청 마당 쉼터에서도
하늘에 닿을 듯
키 큰 소나무는
언제나 묵언수행이다
소곤대는 봄바람 소리의 비밀을...
여름 장마에 성난 소나기 소리를...
멍들어 부대끼는 갈잎의 통곡소리를...
어처구니없이도 내려 쌓이는
폭설의 절규를 듣고도
그저 묵언수행이다
거울보다 맑고
지독하게 푸른 소나무
절제와 미덕의 꽃 이었구나
생인손을 앓고 난 후
되살아난 푸른 깃발 이었구나
하늘 가까이 달려간
거룩한 승리였구나

나무

나는
그대 집으로 가는 골목에
푸른 나무가 되고 싶어요
내가
푸른 나무로 서있으면
그대가
지친 숨소리를 뿜어내며
오고 갈 때
단
한 번이라도
나를 바라봐 주겠지요
그대가
아침 이슬 같은 맑은 눈으로
나를 바라봐 준다면
나는 기꺼이
싱그러운 새벽이 되어
태양의 꿈을 키울 거예요

제 4 부
너와 나

너와 나

한사람은
한 사람이
늘 그립습니다
사르르한
그 사람 목소리가 그립고
또올또올한
그 사람의 눈망울이 그립고
한 사람은
한사람만 생각하면
어느새
눈을 지그시 감고
넓은 숲이 되어버립니다
그 숲속에서
한 사람은
늘 푸르른 꿈을 꿉니다

우리는

너와 나는
차가운 겨울 속에
환희와 눈물을 전설처럼 묻어두고
'도시라솔파미레도'처럼
하얀 계단을 내려와
침묵으로, 침묵으로
그리움을 색칠만 하고 있다
눈을 감고 겨울잠을 자는 하얀 그리움은
어둠이 짙어져오면
빨간 십자가로 일어서
상처 난 사랑을 위해
기꺼이 두 손 포개어 모으고
기도를 한다

한강

우리는
결국
뜨거운 포옹으로 다시 만났다
누구의
허락 없이도
언제나 반겨 주었다
넓게 펼쳐진 그 마음도
얼마나 떨렸는지
얼굴빛이
물고기 비늘처럼 떨고 있었다
수많은 시간이 쌓여도
무한한 사연을
누군가가 내동댕이쳤어도
그는 변함없이 의연해서
사랑할 수밖에 없었다
철썩 처얼석~
가끔 심장 뛰는 소리만
내 위로가 되었다
늘 상
내가 달려와야
바라볼 수 있는 너
거듭 거듭

나는 지치지 않을 사랑이라고
손을 내밀어 본다
나를
바라보고 있던
구름이
비웃든지 말든지...

꽃들은

내가
침묵하고 있을 때
꽃들은 합창을 했다
내 삶이
아프다고 저항할 때
꽃들은 나를 향해 날개를 폈다
더
기막힌 것은
나는 꿈속에서만 알을 품었다
꽃들은
제일 큰 하늘 아래서
두려움을 극복하고
솟아오르더니
끝내는 커다랗게
부화를 했다

아가야

아가야
창밖에는 겨울비가 내리고
열어 보일 수 없는 내 마음에
그리움이 내려 쌓이고...
아가야
너도
종이학처럼 차례차례 접어둔 그리움이
작은 바람에 떨고 있으면서도
차마 불러보지 못하는
눈물 젖은 언어가
사랑이었음을 알고 있니
아가야
풀잎 같은
너의 눈빛에서 피어나는 향기는
소중해, 너무 소중해서
터트릴 수 없고
나는 몸살기운으로 드러누웠지
아가야
적당히 적당히
꿈속에서라도
내 곁으로 다가와
가슴 젖어드는 뽀얀 미소를 보여주지 않겠니

돌멩이 하나

나부끼는 바람 앞에서도
꿈적도 하지 않을 거야
누군가가 발뒤꿈치로 짓밟아도
눈물 흘리지 않을 거야
햇살이
따갑게 눈을 흘겨도
땅속으로 숨어버리지 않을 거야
단 하나
사랑하는 그가
다가와 물을 뿌려주고
살포시 어루어 준다면
훌쩍 커 버릴 거야

사랑 1

탕탕
누군가가 총을 쏘나 봐요
하늘을 쳐다보았어요
창문을 열고
목을 길게 늘이고
창밖을 내다보았어요
그러나 신기했어요
아무도 없었어요
그런데 왜
내 가슴에선 계속해서
탕탕 소리가 나는 걸까요
엄마한테 물어 봐야겠어요
탕탕 소리가
누군가를 사랑해서
내 가슴 뛰는 소리인가 하구요

사랑 2

너의
보조개가
풀꽃 한 송이처럼 웃는다
너의
눈동자가
조용히 닻을 들어올려
물 위를 걷는 작은 배처럼
내 가슴 쿨럭이게 한다
나는
작은 알갱이
부스럼 딱지 같은 외톨이였다
너의 목소리
나의 영혼 깊숙이 박혀
걸핏하면 솟구치는
알레르기 염증 반응을
스르륵
하얗게 지워 주었다

사랑 3

너는
조용하게 창조를 하고
살 속을 파고드는 통증을 하소하듯
피울음으로
목청껏 잘도 뿜어내더라
너는
격정적인 울림으로
소몰이도 잘하면서
하루에도 열 두 번씩
숨이 차 헐떡거리는
내 심장의 아우성을
박제가 되어버린 영혼인냥
모른 척만 하드라
작은 동산이 되어버린 나는
높은 산을 바라만 봐도
그저
즐겁기만 하더라

사랑 4

누군가가
자물쇠를 채운 적은 없었다
그 속에
내가
어김없이 갇혀 버렸다
갇혀버린 내 마음속에
대나무들이 자라났다
크나큰 대나무들은
죽순을 쭈욱쭈욱
종기처럼 뿜어냈다
아~ 사랑속에
바람이 불어댄다
우웅~ 우 웅~
대나무가 스러질 듯
울어댄다
내
눈 속에 들어온 사랑은
조용히 눈을 감고
태연하게 정좌하며
끝없는 구도자 되어
묵언수행중이다

사랑 5

너를
생각하면 내 마음은
온통 푸른 초원이야
내 가슴은
가녀린 네잎클로버처럼 떨리고
봄바람처럼 향기로와
또 너를 생각하면
내 가슴은 이슬에 젖은 풀잎처럼
어쩔 쭐 몰라 발만 동동 구른다
또 너를 생각하면
햇살아래
졸리어 눈을 감은
한 송이 꽃 되어버려
그리워 눈감고 그대로 꿈을 꾸면
뽀얀 아침 이슬 먹은
풋풋한 햇살이 되어
너의 넓은 어깨에 드러눕는다

사랑 6

약한 나는 사랑을 체념할 수 있지만
강한 내 마음은 사랑을 버리지 못하였다
다른 사람에게 설명을 할 수 없어 고통스럽지만
이미 내 마음은
고통 없이 사랑을 할 수 없다는 것을 알았기에
그 어떤 논리나 설득은 내게 필요 없었다
고통과 아름다움을 동시에 알게 하는 것은
이 세상에 사랑밖에 없다는 것도
강한 내 마음은 이미 알아버렸기 때문이다

풍경

포플러
어린 푸른 잎
오월 햇살을 맞이했다
살랑살랑
그네를 태워준다
너와 내가 아니라
하나가 되었다
서로 엉켰다가
펄럭이다
와락 껴안기도 한다
가슴속에 감추어둔 말
끝내 하지 못했지만
펄럭이다 엉켰다가
껴안아서 멍울멍울 맺힌
가슴 속 이야기를
그네를 태워주며
다독여 준다
투명한 오월 풍경
하늘에 닿는다

장미 1

오월 햇살은
토악질을
제대로 하고 있었다
포동포동
토실토실한 장미꽃들은
입을 크게 벌리고
활활 불타는 열정으로
노래를 불러댔다
때로는
핑크빛 고운 사랑의 노래를
때로는 노랗게 물들인 수줍음으로
때로는 순백의 뽀오얀 웃음으로
떨리는 내 가슴에 채색이 되었다
살짜기 초록 잎들이 불어대는 바람은
내 머리를 빗기우고
내 콧등에서
눈 가장자리까지도 간지럽혔다
오월 장미
내 가슴에 상처로 난 구멍을
꼭꼭 눌러 메워주었다

장미 2

누구의
기도가 이토록 간절했을까…
두 손을
얼마나 비벼댔으면
이토록 빨갛게 달아올랐을까…
얼마나
얼마나
그리웠으면
한 꺼풀 두 꺼풀 부풀어 올라
햇살로
씻어도 씻어도 닦여지지 않은
빨간 서러움을 이토록 토해낼까…
숭고한
그 사랑 앞에
한 발 다가서기 두려워
내 가슴
부딪히는 바람에게 부탁했다
그토록
아린 장미
가슴을
호호~ 호호 불어주라고

어느 예식장에서

아침햇살처럼 순결한 젊음의 행진이
어제를 엮어 오늘을 만들고 또 내일을 엮어
영원히 뜨겁게 사랑하겠노라고 맹세를 한다
신랑 신부의 가슴은 뜨거워 서로의 얼굴이
싱싱한 꽃대처럼 마알갛다
영원으로 통하는 발걸음이 환하게 트이고
신성한 여울물처럼 따뜻하게 출발이 시작되었다
곱게 빗은 신부의 머리와
오늘따라 앞머리를 유난히 들어 올려 구부린
신랑의 새까만 머리가 파 뿌리가 될 때까지
온전히 사랑한단다
전자레인지속 뜨거운 열기 속에
노오란 기름기 잔뜩 머금은 팝콘이
팡팡
튀겨 나오는 것 같은 사랑이라는 너무 흔한 말들이
오늘은 참 고소하게 느껴진다

봄날의 꿈

옹골옹골찬
토끼풀 꽃 두 송이를 엮어
팔뚝시계도 만들어 놓았어요
아침 이슬이 씻어 놓고 간
네잎클로버를 꺾어
그의 탐스런 볼딱지에 붙여주었어요
공원 울타리에
찔레꽃은
코가 시리도록
상큼한 향기를 뿜어내고 있었어요
그와 나는 유리병에 담아두었어요
그 향기가 사라지는 것이 싫었어요
환한 햇살아래
반짝이는 푸른 잎새를 닮은
그와 내가
맑은 사랑의 눈으로 바라보았어요
그와 나의 사랑이
서글픈 이슬과 햇빛 사이가 될까봐
하얀 성자를 닮은 마음으로
두 손 모아 간절히 기도했어요

오월 숲속은

그들은
흩어져있기를 진실로 두려워했다
아카시아 꽃은
신부의 하얀 너울로
뭉게뭉게 출렁거렸다
참나무
산벚나무도
파란 색깔 손으로
비비적거리며
수런수런 속삭이고 있었다
참솔나무는 다소곳이 낮은 자세로
기도를 하고
오랜 시간
해묵은 나뭇잎까지도
익을 대로 익었지만
최선을 다해 엎드린 채
겸손한 숲 바람을 공유하고 있었다
그 옆에
그 옆에
이름 모를 풀꽃 까지도
떨리는 율동에 설레어 웃고 있었다
그야말로

세상에서
단 하나밖에 없는
푸르른 파티가 열리고 있었다
뻐~꾹
뻐꾸기는 숲속의 연주자가 되어
그들을
위로하고 있었다
오월 숲 속의 심포니였다
그들은
절대로 절대로 흩어지지 말자고
겸손한 바람을 증인으로 두고
둘레를 치고 있었다
세상에서
가장 눈부신 화합이었다

포도송이

살 속을
파고드는 아픔이
서로를 부둥켜안았다
뗄레야 뗄 수 없는 사랑이
황홀하게 영글었다
그렇게
서로의 만남은
하늘 아래
보랏빛 향기를 쏟아냈다
토설하지 못한
서러움도 삼켜버리고
숨 가쁘게 몰아치는
햇살의 채찍을
얼마나 맞았는지
멍이 든 자국은 선명했다
긴 고행의 시간을 걸었다
서로
얼굴을 부비고
또알또알
수런거리는 다정함이
내 가슴에 샘물을 일게 했다
동그라미 속에

내 사랑의 마음은
쓰러지는 위기에서도 빠져 나올 수가 없었다

가을비 내리는 날

낙엽은
불티처럼 높지도 낮지도 않게
솟구쳐 오르다 내리다 쓰러지고
부동자세로 앉은 영혼 하나는
실타래처럼 얼기설기
그물망에 걸린 사랑에 눈이 감겨
소리 없는 아우성을 쳐댄다
계산기로 현실을 두들기는 사랑도 사랑이고
비눗방울처럼 터져 우는 사랑도 사랑이고
참새처럼 옹알거리는 사랑도 사랑이고
그 사랑
모두 다 생명이 숨 쉬는 증거이고
그 사랑
모두 다 환희이고 축복이다
낙엽과 바람이 내는 소리 또한
불협화음인 것 같지만
한 뭉치의 가을을 움켜지고
머나먼 여행길에 동행하는 것을 목격을 했다
더운 눈물이 자꾸만 자꾸만 흘러내린다

봄

우주의 마법사가
주문을 외웠는지 봄이 왔어요.
꽃들의 파동이 느껴졌어요.
퐁퐁퐁 소리가 났어요.
꽃들의 노래 소리가 나를 깨우네요.
미친 듯이 달려 나가
꽃들을 마중했어요.
생명의 소리가
이토록 아름다울 수가 있을까요.
꽃잎이 내 손에 닿는 순간 눈물을 흘렸어요.
실크보다 더 부드러웠어요.

□ 해설

그리움과 사랑의 세레나데

- 김태인 시집 『누군가에게』 -

홍 문 표

시인 · 평론가 · 전 오산대학교 총장

김태인 시인의 첫 시집 『누군가에게』상재를 축하한다. 김태인 시인의 이번 시집은 한 마디로 그리움과 사랑의 아름다운 세레나데라고 말 할 수 있다.

인간의 마음을 부정적으로 말할 때 욕망이란 말로 표현하는 경우가 많다. 욕망이라면 무엇을 가지거나 하고자 하는 간절한 마음으로 인간이면 누구나 갖고 있는 본능이고 본심이다. 사실 인간이라면 생을 갖고 있는 한 당연히 무엇에 대한 관심과 성취하고 싶은 마음을 갖는 것이다. 그런데 문제는 욕망이라는 것이 브레이크가 고장 난 자동차처럼 절제나 자제력을 잃고 계속 질주하려는 속성이 있어 욕망에만 집착할 경우 극도의 이기적 인간이 되거나 죄악의 불씨가 되는 경우가 있다. 그래서 기독교에서는 욕심이 잉태한 즉 죄를 낳고 죄가 장성하면 사망에 이른다는 말씀을 하고 있다. 그러나 이러한 설명은 모두가 욕망을 부정적 측면에서만 보고자 하는데 있다.

그러나 그 욕망이 착하고 선한 목적을 위해서 그 일

을 성취하기 위해서 욕심을 부린다면 이 얼마나 훌륭한 일인가. 그런가 하면 누군가를 그리워하고 사랑하는 아름다운 마음으로 이 욕망이 불태워진다면 이 얼마나 아름답고 로맨틱한 모습인가. 그래서 훗설같은 현상학자들은 욕망이라는 말보다는 마음을 의식의 지향성이라고 했다. 마음을 욕망이라고 하면 이기적인 집착이라는 색안경을 쓰고 보는데 의식의 지향성이라면 의식이 어떠한 방향으로, 어떠한 목적을 향해서 가느냐에 따라서 인간은 한없이 선할 수도 있고 아름다울 수도 있고, 한 없이 추할 수도 있기 때문이다.

그런데 의식의 지향성이라는 측면에서 마음을 설명하는 경우 대개는 그가 살아가는 방법이나 직업에 그 방향이 비슷하게 드러난다는데 문제가 있다. 가령 장사꾼이나 정치꾼의 경우는 직업상 과대선전이나 권모술수를 하여서라도 이익을 도모하고 자신의 의사를 쟁취해야 하기 때문에 지나친 이기심의 욕망을 소유한 인간으로 보게 된다. 그러나 시인은 작품을 써서 물질적인 이익을 도모하거나 시를 써서 남을 해하려는 악심을 가지고 쓰는 사람은 없다. 시인은 세상 사람들처럼 자신을 과시하거나 이기적인 물질적 욕망을 충족하기 위해서 밤새워 시라는 문장에 매달리는 것이 아니라 자신의 영혼을 맑은 거울에 비춰보기 위해서, 이 세상의 다양한 사물들을 보면서 관습적이고 이기적인 욕망으로 때 묻은 것들을 닦아 내고 그 속에 숨겨진 진실한 의미와 실재를 새롭게 드러내기 위해서, 그리하여 모든 사물을 이성이니 과학이니 하는 이름으로 구별하고, 분석하여 서로를 분열시킨 것들을, 그리하여 존재의 독자성이란 이름으로 고독의 감옥에 밀폐시킨 사물들을 해방시키고, 문명이란 마성의 유혹에 취해버린 사물들을 창세의 순수한 제 모습으로 되돌려 주겠다는 것이 시를 쓰는 이유가 된다.

그러기 위해서는 시인은 과학자들처럼 사물들을 인간의 타자일 뿐인 물질로 보는 것이 아니라 모두가 생명을 가진 존재로 영혼을 가진 존재로, 인간과 공존하는 유기적 관계로 보려는 것이며 이러한 발상의 밑바닥에는 사물을 무한히 사랑하는 에로스(eros)적 감정을 요구하게 되는 것이다.

그렇다면 시인의 마음은 욕망이란 속물적 용어로 설명할 수 없으며 의식의 지향이란 철학적 용어로 설명하기보다 모든 사물을 뜨겁게 사랑하는 에로스로 설명하는 것이 가장 적절할 것이다. 에로스라면 일반적으로 이성을 그리는 사랑의 감정으로만 알고 있는데, 헤시오토스의 신통기에서도 말했듯이 에로스는 카오스의 아들로 혼돈과 무질서에서 통합과 질서를 지향하는 것이다. 이성과 과학이 모든 사물을 분열시켜 모두가 단절감을 느끼는 저주를 받게 된 것이라면 시인은 바로 분열된 카오스의 세계를 화해와 통합으로 단절감이나 고독감에서 벗어나도록 하려는 데 있기 때문이다.

이러한 시의 본질과 시인의 속성을 생각하면서 김태인 시인이 이번 시집『누군가에게』에서 드러내려고 한 그의 시적 상상력과 그 지향성은 무엇이며 그리하여 실현한 에로스의 세계는 무엇일까를 살펴보고자한다.

김 시인의 이번 시집은 크게 4부로 구분할 수 있으며 제 1 부 '그리움', 제 2부 '누군가에게', 제 3부 '겨울비',

제 4부 '너와 나'가 그리움과 사랑의 아름다운이야기로 구성되어 있음을 보게 된다.

김 시인의 이번 시집 제 2부를 보면 「누군가에게」라는 제목의 작품들이 아홉 편이나 수록되고 있다. 그만큼 이번 시집은 누군가에게 집중되어 있고 누군가를 향한 강렬한 에로스가 아름다운 서정으로 전개되고 있는 것이다. 그렇다면 이 시집에서 시적 화자가 지향하는 누군가의 실체는 무엇이며 그 실체를 지향하는 시적 상상력은 어떻게 날개를 펴고 있는지를 보아야 하겠다.

시집 제 1 부의 '그리움'은 누군가에게로 향한 그리움으로 가득 차 있다. 원래 그리움이란 어떤 대상을 좋아하거나 곁에 두고 싶어 하지만 그럴 수 없어서 애타는 마음이다. 제 1 부의 작품들을 보면 온통 그리움으로 가득 차 있다. 다음 시를 보자.

무궁화 꽃이 피었습니다
뒤를 돌아보았네
빨간 꽃잎 닮은
너의 모습 붙잡고 싶어
무궁화 꽃이 피었습니다...
무궁화 꽃이 피었습니다...
푸른 바람 되어
다시 나타난다면
내 좁은 가슴 안에 감추어 놓고 싶어
어제도 오늘도 슬프다는 말 대신
외롭다는 말 대신
한번 두 번 세 번 그리고 백번을...
무궁화 꽃이 피었습니다...
무궁화 꽃이 피었습니다...
비개인 어느 날

맑은 햇살처럼 웃어주는 네 모습
그립고 그리워...
나는 오늘도 술래가 되어
무궁화 꽃이 피었습니다...
무궁화 꽃이 피었습니다...

– 「그리움」 전문

시계는 멈추지 않아요
목적지가 어디인지는 모르지만
부지런히 걸음을 걷고 있어요
가엽게도 한쪽 다리가 짧아요
그 아픈 다리로 부지런히 걷고 있어요
내가 바람이 되어서 밀어주고 싶어요
나도 시계 같은 마음이 예요
오로지
그가 있는 곳을 향해서
오늘도 내일도 또 모래도
시계는
느린보 거북이처럼
부지런히 걷겠다고
똑각 똑각
신호를 보내주네요

– 「시계」 전문

어둠은
그렇게
내 그리움을 숨겨 놓았다
침묵으로 냉정했다
지우려고 하면
더욱 선명하게 보인다
서러워서
눈물로 씻어내려고 하면

우뚝하게 솟아났다
미워하려고 하면
폭군처럼
내 가슴을 짓이긴다
잡히지 않는
뜨거운
그리움
환상의 등불로 일어서
결국 내 목덜미를 껴안았다

– 「가로등」 전문

세상에서
가장 뜨거운 눈물이 흐릅니다
그립다 말을 하기엔
그 말 다할 수 없어
봄
초록의 진통을 견디지 못해
이렇게 울어버립니다.
아니- 아니-
그도 우는 가 봅니다
내게
다가오지 못하는 서러움에
이렇게 바람 속에 버둥대며
한없이 우는 가 봅니다
그도 울고
나도 울고
얼굴이 붉어지도록
긴
하루가 다 젖어 버렸습니다
장미꽃도 웁니다

– 「늦은 봄비」 전문

작품 「그리움」을 보면 시적 화자는 너에 대한 그리움과 숨바꼭질을 하는 시다. 숨어 있는 너를 찾는다. 무궁화 꽃이 피었습니다. 를 반복하면서 너의 모습을 붙잡고 싶어 내 가슴 안에 감추어 놓고 싶어, 무궁화 꽃이 피었습니다. 를 반복하는 것이다. 그것도 한 번 두 번이 아니라 백번이고 천 번이고 반복하면서 그리운 감정을 드러내고 있다.

그런데 시인은 너에 대한 그리움의 감정을「그리움」에서는 이처럼 직설적으로 드러내더니「시계」「가로등」「늦은 봄비」등의 작품에서는 그리움의 감정을 메타포로 형상화하고 있는 것이다.「시계」는 그리움의 진한 감정이 길고 짧은 시계바늘로 형상화된다. “시계는 멈추지 않아요” “그 아픈 다리로 부지런히 걷고 있어요” 이러한 시계바늘의 이미지는 바로 그를 향한 내 그리움과 동일시가 된다. 이러한 메타포는 「가로등」으로 확장된다. 가로등은 그리움이란 어둠을 숨겨 놓은 이미지다. 그래서 지우려하면 오히려 가로등처럼 선명하게 드러난다는 것이다. 그리하여 그리움은 폭군처럼 내 가슴을 짓이긴다 했다. 내 목덜미를 잡는다 했다. 「늦은 봄비」도 그리움의 메타포다. 여기서 시인은 그리움이 눈물이 되고 눈물이 늦은 봄비로 전이되는 상상력의 또 다른 확장을 확인하게 된다.

이처럼 제 1 부 그리움에서는 누군가에 대한 간절한 그리움의 감정이 다양한 메타포를 통해 극대화되고 있음을 알게 된다. 그리고 이러한 표현에서 김 시인의 시적 상상력은 물론 시적 창조의 견고함을 확인하게 된다. 왜냐하면 견고한 시란 사물을 새롭게 발견하고 이를 재

구축하는 메타포 작업이 있어야 하기 때문이다.

사실 그리움이란 욕망이나 꿈이 실현된 마음의 상태가 아니다. 아직 욕망이 쟁취되지 못했고, 꿈이 실현되지 않는 그래서 늘 결핍을 느끼고 불안 해 하고 갈등을 느끼는 복합적 감정이다. 그러기에 그리움에게는 그리움의 대상이 있기 마련이다. 그렇다면 김 시인의 이번 시집에서 그처럼 그리워하는 대상은 누구일까. 바로 그 대상을 소개하는 있는 것이 제 2부 「누군가에게」가 된다. 앞서 지적했듯이 이번 시집에서 김 시인은 「누군가에게」라는 제목의 시를 아홉 편이나 썼다. 그렇다면 제 1편에서 제시한 그리움의 대상은 '누군가에게'라는 불완전 인칭 대명사가 된다. 누구란 아직 확정된 대상은 아니다. 그러나 내면에서는 기다려지고 그리워지는 대상이다. 이는 꿈 많은 연대의 감정일 수도 있다.

오월 숲 속에서...
아카시아 향기가
살짜기 살짜기 다가옵니다
그 바람
내 가슴에 처음으로 다가와
야속하게도
아픈 가슴을 두드립니다
낮은 곳에서
서 있는 내게
너는 그렇게도 다가오기가 힘들었나요
바람처럼
내 마음 깊은 곳까지 적시어 주기만
나는 기다립니다.
바람은 끊임없이 불어옵니다
아카시아 꽃잎이

내 눈앞에 피어있는 것처럼 느껴집니다
내 마음 깊은 곳에서
너의 향기가 쏟아집니다
이 숲속
낮은 곳에서
높은 곳까지 내 그리움 감동처럼 퍼집니다

- 「누군가에게 1」 전문

나도
눈이 있습니다
그러나 볼 수 없습니다
나는 입이 있습니다
그러나 말할 수 없습니다
또 나는
다리도 있습니다
그러나
달려갈 수 없습니다
또 나에겐
가슴이 있습니다
그러나
더 이상 생각할 수 없습니다
강력하게 요구할 수도 없습니다
입을 맞추고
두 팔을 벌려 끌어안아보고 싶어도
그에게 상처를 줄까봐
힘세게 안아 볼 수도 없습니다
그를 영원히 사랑하기 위해서
내 의지를 조각상으로 우뚝하게
세워 놓아봅니다

- 「누군가에게 2」 전문

새벽이 오기까지는
밤하늘은
멍든 내 가슴처럼 어둡기만 하네요
고립된 내게는 새벽에 깨어 있다는 이유 하나로
하늘이 특권을 부여 했지요
오늘도 서편에 걸린 반달과 작을 별들을 마음껏 바라보았지요
밤하늘의 별들을 내가 바라본다고만 생각했지요
자꾸만 자꾸만 바라보니까
저 멀리서 별빛 또한 나를 바라보고 있네요
그런데 한 낮의 요염한 햇살보다 작은 별빛 하나가
더 많은 생각을 하게 하네요
하지만
세상의 빛을 아무리 모아 모아도
사랑하는 사람의 눈빛만큼
빛이 나고 아름다울 수가 있을까요...

– 「누군가에게 3」 전문

새벽
창밖에
아득하게 가을비가 내립니다
누군가는
이 시간에
영원한 만남을 위한
사랑을 그리워하고
누군가는
이별의 끄나풀에 매달려
눈물을 흘리기도 하겠지요
가을비
사랑
이 모든 것이 존재하는 기쁨이자
존재의 근거가 아닐까요...
사랑은

육신 속에 갇힌
그 눈물로 씻고
그 눈물로 닦고
마음의 부활까지 이어지는
인고의 노력이 필요한 것 같아요

- 「누군가에게 4」 전문

뒷동산에 산책을 나갔어요
추운 겨울을 이겨내고
이 봄에
꽃들이 팡팡 예쁘게 피어났어요
나무나
꽃이나 사람이나
다 똑같은 것 같아요
결국엔 고통이 있고 난 후에
비로소 빛을 보는 것 같아요
슬픔을 견뎌내고 나면
푸른빛의 찬란한 여름이 또 올거라구요

- 「누군가에게 5」 전문

김 시인의 그리움에 대한 진한 감정은 비록 확정적인 인물은 아니지만 그래도 누구라는 존재로 발전하게 된다. 그리고 누구라는 실체를 감각적으로 느끼게 되는 데 그 첫 번째 느낌이 「누군가에게 1」이다. 여기서는 "오월 숲 속에서/ 아카시아 향기가/ 살짜기 살짜기 다가옵니다"라고 했다. 누구라는 대상이 향기로 다가오는 것이다. 너에 대한 후각적 인식이다. 시적 화자는 다시 내 마음 깊은 곳에서 너의 향기가 쏟아진다는 고백을 통해 누구의 실체를 느끼고 있는 것이다. 「누군가에게 2」에서는 누구라는 존재가 있기는 있는데 이를 구체적으로 드러낼 수 없는 안타까움을 드러내고 있다. 심증은 있는데 물증이 없다는 말과 같다. "나는/ 눈이 있습니다./ 그러나 볼 수 없습니다" 누구라는 존재가 있기는 있는데 볼 수 없고 말할 수 없고 달려 갈 수 없고 생각할 수 없고 입을 맞추고 끌어안을 수 없는 존재인 것이다. 그러나 인간이면 누구나 그 누군가를 그리워하고 사랑해야 한다. 그래서 「누군가에게 4」에서는 그러한 감정을 창밖에 내리는 가을비로 형상화했다. 비가 내린다는 것은 누구를 그리워한다는 것이 누군가를 사랑하는 물증이라는 것이다. 그래서 지금은 그 누구에 대하여 거리감이 있고, 불분명한 안타까움이 있지만 분명히 만날 것을 기대한다. 「누군가에게 5」가 그렇다. 시적화자는 그토록 그리워하는 누군가를 만날 것임을 확신한다. 그것은 바로 겨울을 이기고 봄을 맞아 꽃을 피우는 만물의 이치와 같다.

그렇다면 시적화자가 그리워하는 그 누구의 실제는 무엇일까. 그 실체가 제 3부 '겨울비'에서 구체적으로 드러난다.

> 내, 볼 딱지에 누군가가
> 돌멩이를 던졌다
> 짓궂은 아이들의 장난일까
> 뒤를 돌아보았다
> 어머나
> 검은 하늘이 봄소식을 알려주겠다고
> 연속 돌팔매질을 해댔다
> 코끝은 얼얼하고
> 떡 볼이 시리고 차가와

작은 우산이 그리웠다
검은 하늘은
자꾸만 손사래를 쳤다
바보야
겨울비 맞으며
조금만 더 걸어가면
엄마 입김처럼
달콤하고 따스한 봄이 온다고…

－「겨울비」 전문

그가
블랙홀에서
조용히 등장을 했다
결코
요란하지 않은 불가사리처럼
내 가슴을 요동치게 했다
송글송글한 알맹이가 터지는 것처럼 설레었다
라라라라…
참으로 따듯한 동행이었다
호흡소리를
빨아 드리는 듯 내뱉는 듯
진실로 열정을 다했다
그 별빛
시원스레 쏟아지는 폭포수 같기도 하고
아이스크림처럼 녹아내리기도 하고
내 두 손을 가슴에 모이게 했다
그는
봄비에
파란 새순을 틔우듯
순결한 영혼의 소유자였다

－「별 1」 전문

송골송골
참새 떼들은
고요한 아침을 쪼아댄다
공원 뜨락에
입을 맞추고
꽁꽁꽁꽁
작은 부리를 연신 쫗는다
아
저 작고 여린 부리로
뜨락에 깔린 아침 햇살을
연신 주워 먹는다
송골송골
모여 있는 참새 떼를 바라본다
나도 웃고
아침 세수를 맑게 하고 피어난
햇살이 꽃잎처럼 웃는다
샤르르
풀잎 간지럼 피우던
엷은 바람까지 덩달아 웃는다

– 「참새」 전문

아무렇게나
비솔비솔 흔들린다고
사람들은 그냥 지나쳤다
나는 보았다
밑동까지 파고드는
바람 앞에서도
풀꽃은
제자리를 꿋꿋이 지켜내고 있었다
거울처럼
맑은 얼굴로 내 마음까지 비추었다
햇푸른

불꽃으로 일어서
무지개처럼 여린 나를 일깨웠다
그리움 앞에서
눈물 흘리지 말아라
소용돌이치는 내 영혼을
마알갛게 씻어주고
또 씻어주었다

- 「풀꽃」 전문

작품 「겨울비」를 보면 시적 화자의 당돌함이 보인다. "나의 볼딱지에 누군가가 돌멩이를 던졌다" 대단한 감각이다. 예쁘고 얌전한 표현이 아니라 굵고 강한 톤이다. 도대체 볼딱지에 돌을 던진 장본인이 누구인가, 그것은 하늘이었다. 더 정확히 말하면 하늘의 겨울비가 봄소식을 알려주겠다고 돌을 던졌다는 것이다. 얼마나 당돌한 표현인가. 그런데 여기서 주목할 것은 바로 봄이고 봄소식이다. 시적화자는 봄소식을 전하는 사건을 볼딱지에 돌을 던질 만큼 대단한 사건으로 보았다. 그렇다면 시적 화자에게 있어서 봄은 그동안 그리워했던 그 누구의 메타포가 된다.,

작품 「별 1」에서는 그가 그리워한 누구의 실체가 보다 구체적이다. 시적 화자는 별을 보고는 그가 불렉홀에서 등장했을 뿐만 아니라 내 가슴을 요동치게 했고, 설레이게 했고, 열정을 다 했고, 폭포수 같기도 하고, 아이스크림 같기도 하고, 순결한 영혼의 소유자라고 했다. 그렇다면 별처럼 황홀한 존재가 바로 시적 화자가 그리워하던 그 누군가가 아닐까. 이러한 생각은 작품 「별 2」 「밤하늘」에서도 같은 모습을 보인다.

그런데 작품 「참새」에서는 새들이 아침을 쪼아대고 아침햇살을 주어먹는 메타포로 확장하고 있다. 바로 아침이나 아침햇살이 참새들의 그리움이고 그 누구가 되는 것이다. 작품「풀꽃」은 시적 화자가 그리워하던 또 다른 그 누구의 모습이다. 사람들은 풀꽃에 무관심하지만 시적 화자는 풀꽃에서 제자리를 지키는 모습을 보였고 여린 나를 일깨워주었고 소용돌이치는 내 영혼을 말갛게 씻어주었다. 그만큼 풀꽃은 나를 일깨워주고 내 영혼까지 치유하는 순수함이 있다.

이처럼 김태인 시인의 이번 시집은 제 1 부에서 간절한 그리움으로 시작하고 제 2부에서 그리움이 누군가에게라는 인칭으로 바뀌더니, 제 3부에서는 누군가라는 인칭이 다시 봄이나 아침이나 별이나 풀꽃으로 메타포 되고 있는 것이다. 그렇다면 시적화자가 추구하는 그리움의 대상은 어떤 특정한 인물에 대한 연정이 아니라 바로 봄이나 아침이나 별이나 풀꽃, 또는 달, 태양, 하늘 등의 메타포가 보여주는 세상이다. 여기서 시인의 그리워하는 그 누군가의 세계가 밝혀진다. 그것은 봄의 세계다. 봄은 희망의 세계이고 생명의 세계이다. 생명의 세계이고 부활의 세계다.

따라서 시인이 그리워하는 세계는 추운 겨울이 아니라 생명의 봄이다. 그것은 아침이나 아침햇살이기 때문이다. 그런가하면 별이나 달이나 태양이나 하늘의 세계가 시적 메타포로 등장한다. 이는 모두 유한한 지상이 아니라 영원하고 무궁한 천상의 세계, 바로 지상의 낮은 세계에서 천상의 높은 세계를 지향하는 시적 상상력이 된다. 그러한 시간과 공간에서 시적화자는 다시 풀꽃을 동원한다. 겨울을 이기고 새로운 생명력으로 완성된 꽃을 통해 자아의 정체성을 확인하고자 하는 것이다.

이처럼 시적 화자는 지금까지 누군가를 그리워하는 간절한 마음을 제 1 부, 제 2부를 통해 표현하였고, 제 3부에서는 그리움의 대상을 생명의 봄이나 희망의 아침이나 밝고 높고 빛나는 별이거나 달이거나 하늘인 것임을 시적 상상력을 통하여 보여 주었는데 제 4부 너와 나에서는 이러한 감정이 사랑이란 아름다운 강으로 통합하는 모습을 보게 된다.

우리는
결국
뜨거운 포옹으로 다시 만났다
누구의
허락 없이도
언제나 반겨 주었다
넓게 펼쳐진 그 마음도
얼마나 떨렸는지
얼굴빛이
물고기 비늘처럼 떨고 있었다
수많은 시간이 쌓여도
무한한 사연을
누군가가 내동댕이쳤어도
그는 변함없이 의연해서
사랑할 수밖에 없었다

철썩 처얼석~
가끔 심장 뛰는 소리만
내 위로가 되었다
늘 상
내가 달려와야
바라볼 수 있는 너
거듭 거듭
나는 지치지 않을 사랑이라고
손을 내밀어 본다
나를
바라보고 있던
구름이
비웃든지 말든지...

– 「한강」 에서

내가
침묵하고 있을 때
꽃들은 합창을 했다
내 삶이
아프다고 저항할 때
꽃들은 나를 향해 날개를 폈다
더
기막힌 것은
나는 꿈속에서만 알을 품었다
꽃들은
제일 큰 하늘 아래서
두려움을 극복하고
솟아오르더니
끝내는 커다랗게
부화를 했다

– 「꽃들은」 전문

탕탕
누군가가 총을 쏘나 봐요
하늘을 쳐다보았어요
창문을 열고
목을 길게 늘이고
창밖을 내다보았어요
그러나 신기했어요
아무도 없었어요
그런데 왜
내 가슴에선 계속해서
탕탕 소리가 나는 걸까요
엄마한테 물어 봐야겠어요
탕탕 소리가
누군가를 사랑해서
내 가슴 뛰는 소리인가 하구요

– 「사랑 1」 전문

너를
생각하면 내 마음은
온통 푸른 초원이야
내 가슴은
가녀린 네잎클로버처럼 떨리고
봄바람처럼 향기로와
또 너를 생각하면
내 가슴은 이슬에 젖은 풀잎처럼
어쩔 줄 몰라 발만 동동 구른다
또 너를 생각하면
햇살아래
졸리어 눈을 감은
한 송이 꽃 되어버려
그리워 눈감고 그대로 꿈을 꾸면
뽀얀 아침 이슬 먹은

풋풋한 햇살이 되어
너의 넓은 어깨에 드러눕는다

- 「사랑 5」 전문

그토록 그리워하던 미지의 그 누군가에게 향하던 사랑의 세레나데는 봄과 별과 아침의 은유적 변신을 거쳐 마침내 「한강」에서 만난다. "우리는/ 결국/ 뜨거운 포옹으로 다시 만났다"했다. 작은 지류들이 모여서 큰 강을 이루듯이 사랑은 마침내 그리움에서 시작하여 누군가에게로 끝없이 다가가는 과정을 거쳐 분열되었던 너와 나는 우리라는 공동체로 통합하는 것이다. 이러한 사랑의 통합은 꽃으로 개화하고 열매를 맺게 된다. 「꽃들은」이 바로 그것이다. 시적 화자는 이 작품에서 꽃들은 제일 큰 하늘 아래서 두려움을 극복하고 솟아오르더니 끝내는 커다랗게 부화를 했다고 했다. 이처럼 분열되었던 너와 나의 통합은 단지 통합으로 끝나는 것이 아니라 새로운 생명을 잉태하는 신비로움을 갖는다. 과학자는 너와 나를 분리하고 분열함으로 모두를 고사시키지만 시인은 너와 나를 사랑으로 통합하여 생명을 창조한다.

그리고 이러한 생명의 신비는 누군가를 뜨겁게 그리워하는 사랑의 에로스를 통해 일어나는 것이다. 그러기에 시인은 이번 시집의 마지막을 사랑의 노래로 꽃을 뿌린다. 「사랑 1」에서 시적 화자는 사랑의 감정을 총 맞는 충격으로 표현한다. "탕탕/ 누군가가 총을 쏘나 봐요" 매우 강렬한 감정표현이다. 현실적으로는 아무도 없는데 "내 가슴에선 계속해서

/ 탕탕 소리가 나는 걸까요" 참으로 실감나는 사랑의 감정이다. 이러한 격정의 만남 속에 진정한 평화가 있고 행복이 있고, 안정이 있다. 「사랑 5」는 누군가를 그리워하는 단계를 거쳐 진정 너와 내가 하나가 되는 사랑의 관계가 될 때 "너를 생각하면 내 마음은/ 온통 푸른 초원이야"라는 평화의 세계가 열린다. 네잎클로버처럼 떨리고 향기롭고 발만 동동 구르는 울렁거림과 환희가 있는 세계가 된다. 너를 생각만 해도 한 송이 꽃이 되고 풋풋한 햇살이 되어 너의 넓은 어깨에 드러눕는 행복에 잠긴다는 것이다.

이처럼 김태인 시인의 이번 시집 「누군가에게」는 정말 누군가를 간절히 그리워하는 사랑의 에로스가 밝고 높고 아름다운 세계로 승화되면서 마침내 삼인칭의 누구는 이인칭의 네가 되고, 분열된 너와 내가 사랑으로 하나 되어 새로운 생명을 창조하는 참으로 순수하고 달콤한 그리움과 사랑의 아름다운 시적 세레나데다.

김 태 인 시집
누군가에게

2015년 5월 10일 인쇄
2015년 5월 15일 발행

지은이 김 태 인
펴낸이 신 용 호
펴낸곳 창조문학사

서울 서대문구 홍은동 397-26 동천아카데미 5층
등록번호 제1-263호
전화 374-9011, Fax 374-5217
공급처 한국출판협동조합 전화 716-5616~9

저자와 협의에 의해 인지를 생략합니다.
파본은 바꾸어 드립니다.
값 10,000원
ISBN 978-89-7734-380-1